JN411957

방향의 조각

詩 集

방향의 조각

박기홍

이음과펼침

작가의 말

같은 풍경 속에서도
더 아름답고
멋진 순간을 담고 싶었고,
일상 속에서도
새로움을 발견하여
배우고자 애썼다.

빠르게 흘러가는 시간 속에서
서는 법을 익혀
사진을 찍었고,
여러 장면에서
떠오른 생각과 감정을
글로 옮기기 시작했다.

그렇게 만들어진 글을
시로 쓰게 되었다.

목차

개나리

봄이 온다고
제 몸으로 대답하는 꽃

겨울이 아직 덜 갔는데
담장 밑에서 터진 노란 별

시키지 않았는데 먼저 나왔다
벚꽃이나 진달래보다 먼저

가까이 가서 보면
바람에 쉽게 흔들린다

담장을 타고 골목까지
그게 봄의 시작

달빛

해가 져야
슬그머니 올라오는 달

어둠이 내려앉은 뒤에야
나타난다

소리 없는 달빛
마당에 내려앉고

가로등이 없는 골목에도
밝게 비춘다

달빛이 머무는 자리
어디든 아무도 모르게

한강

저마다의 하루를
한 보따리씩 들고

돗자리를 펴고
자전거를 세운다

시끄러워도
아랑곳하지 않고

항상 같은 곳에서
모든 사람을 반긴다

경계

경계가 없으면
어디 서야 할지 모른다

보이지 않는 선 하나를
서로 지켜주는 일

낮과 밤 사이
하늘의 보랏빛처럼

낮도 밤도 아닌
서로를 품은 것처럼

연꽃

진흙으로부터
더럽힘 없이
피어난 꽃

연잎 위에 빗방울
구슬처럼 머물고
젖지 않는 모습

꽃이 지나간 자리
둥근 씨앗들이
빼곡히 남아있다

잉어

빼끔거리며
물 위를 향해
무언가를 말한다

배고픔인지
모처럼 왔다고
우리를 반기는지

흐려진 수면 아래
모여있는 잉어떼
나란한 어깨동무

물길

낮은 곳으로 흘러
길을 만든다

바위를 만나면
돌아가고

구덩이에 빠지면
뒤의 물결을 기다리고

혼자선 못 걷는 길을
가다 서다 함께간다

지하 상가

계단아래 다른 세상
햇빛 대신 형광등
바람 대신 환풍기

좁은 통로 양쪽
어깨를 맞대고
오래된 이웃들이 모여

정이 깊은 마을
도심 속 새로운 세상
사람 냄새로 가득하다

병원

병원 출입구 앞에서
걱정을 안고 들어가고

안도를 안고 나온다
같은 문, 다른 얼굴

누구는 시작이고
또 누구는 끝

자동문의 안밖으로
달라지는 표정들

CCTV

높은 곳 잠들지 않는 눈
깜빡임 없이 세상을 기록
기억력이 좋은 대신
감정은 없다

그 아래를 지나는
비나 먼지조차
의미가 있어서인지
놓치지 않고

이유 없는
길 위에 남긴 발자국
머뭇거림 조차
빠짐없이 그물질

구름

모양이 없는 구름
마음이 모양을 그려
바람은 조각도
흰 점토를 다룬다

조각난 바람들은
해를 가리다
먼곳으로 날아가
또렷한 그림이 된다

비 머금은
검은 구름
온 하늘 먹구름 천지
조각을 멈춘다

휴지통

구석에 서 있다
눈여겨보지 않지만
많은 것을 받아 주는
그 포용

꽉 차면 넘치는 신호
사람들이 알아본다
말하지 못하니
수화로 하는지

비우고 나면
텅 빈 채로 서 있다
가벼워진 건 잠깐
하루가 지나면 또다시

불규칙

울퉁불퉁한 감정처럼
고르지 않은 것이
생활의 느낌

일정하지 않은
세상 모든 것이
크고 작은 것처럼

동그랗지 않은 원
삐뚤거리는 걸음
매번 다른 게 인생길

표지판

방향만 가리킬 뿐
도착지를 모른다

그걸보고
상상은 각자의 몫

중요한 건
멈추지 않는 것

가보고 되돌아오는 것
다시 보는 표지판

한 마디

아이 목소리
아직 뭘 몰라서
맑으나 너무 크다

젊은 목소리
빠르고 숨 가쁘다
하고 싶은 것이 많아서

할머니의 목소리
힘없이 느리지만
알찬 한 마디

길고양이

가로등 아래
긴 그림자 하나

사람이 지나가도
늘 자기 속도로만 걷고

배고픔에도
발걸음은 가볍게

차 밑의 따뜻함을 찾아내
웅크리고 있다

깃털

바닥에 깃털 하나
발끝으로 밀어둔다

집어 들면
손가락 사이로
부드러움이 지나가고

고개를 들면
하늘은 비어 있다

새는
산으로 갔겠지
깃털에는 바람 냄새

교차로

같은 빨간불
서로 다른 기다림
노란 선 앞에 멈춘다

횡단보도엔
가야 할 방향만 보는 사람들

삼십 초
누군가에겐 길고
누군가에겐 짧은 시간

길은 사방으로 열려 있는데
시선은 오직 하나

먼지

비스듬히 들어오는 빛에
모습이 보인다

공중에서 가득하다는 것을
들킨다

바쁜 하루가 지나간 방엔
시간의 먼지와 함께

지나온 시간을 말해주듯
작은 흔적을 남긴다

장갑

하나의 장갑
서로 다른 일을 한다

누군가에게는 보온
누군가에게는 보호

여린 손을 감싸서
쓰임의 몫을 한다

모든 일의 도우미
손에 낀 장갑

순간

깜빡하는 사이
그 순간이 사라진다

아이의 웃음
새의 날갯짓

비처럼 내리는 꽃잎의 모습
카메라는 늘 한 박자

늦다
내 눈과 손가락 차이

여행

어느 길로 가야 할지
알 수 없을 때
여행이 시작된다

얕은 잠 자는 동안
깊은 설레임
꿈을 대신하고

공항 안내판
목적지는 보이는데
내 마음은 계속 곁눈질

그저 그뿐

고개를 돌렸을 때
이미 없다
남는 것은 감각

손을 뻗으면 허공
하루에도 수없이
모른 채 지나간다

멈춰야 만남
지속해야 인연
그저 그 뿐이다

삼각대

흔들림 없는 시선으로
고정을 돕는
세 다리의 견고함

어른의 관점으로
여린 사진사가
세상을 본다지만

삼각대 없이는
도달하지 못할
어른의 눈높이

밤

밤이 깊어지면
모든 게 지워진다

달빛 하늘이
불 밝히고

가로등이
줄줄이 켜지면

지워졌던 온 세상이
조금씩 보여진다

우산

오래 접혀 있던
검은 뼈대 하나

펼치는 순간
작은 지붕이 생기고

빗소리가
그 위를 두드린다

하늘 소리를
건네들을 수 있는 우산

솔방울

물고기 비늘처럼
촘촘히 겹친다

자연이 만든 패턴
날씨에 따라 움직이고

씨앗을 품은
멀리 보내기 장치

화분 속 작은 조각이
산에서 내려온다

웃음

도망치는 웃음
막아도 빠져나가
먼저 달아난다

혼자 걸어도
입꼬리가 올라가고
마음도 따라올라

옆 사람의 미소로
번져
세상을 웃게 한다

걸음

각자의 속도로 걸어간다
누군가는 뛰고
누군가는 천천히

늦을까 봐 조급한 마음
서두르는 하루
함께 모인 그 거리

그 사이 어딘쯤에
군중의 속도에 이끌려
따라가는 발걸음들

신호등

빨간불은
바퀴들을 멈춘다

걸음도 생각도
잠깐 정지

노란불이 깜빡이면
준비의 신호

지금 내겐
무슨 의미의 노란불

민속촌

과거 시간 속
발밑의 흙들이
옛날의 기억을 부른다

초가 지붕 아래
아이는 뛰어다니고
바람은 마당을 한 바퀴

기와집 그림자가 길고
나무 기둥은
말없이 시간을 받친다

오래된 고요를 지나
옛 숨결을 느끼며
돌아오던 길

멈춤

멈추는 건 힘이 든다
관성을 견디고
눈총을 견디고
오만을 견딘다

달릴 때
보지 못한 것들이
서서히
눈에 들어올 때

비로소 멈추어야
보이는 것들이
내 주변에서
삶을 이룬다는 사실

서두름

문 닫히기 전
뜀박질을 한다

뛰지 마세요
지금 타도 늦어요

들리지 않는 소리
보이지 않는 생각

지나고 나니
머쓱해지는 어색함

하루의 시작

새벽 네 시 반
창밖은 고요로 가득하고
뚜렷한 알람 소리가
방 안을 가른다

차 향이 번지고
수증기가 마음을 적시면
어느덧 하늘이 눈을 뜨며
하루의 시작을 알린다

눈을 뜸에 감사하고
살아 있음에 감사한다
주어진 하루를
그렇게 시작한다

매듭

하루의 매듭
오늘을 묶어내는 일

지키지 못한 날 쌓이는 이자
마음 서랍에 기록하고

지켜낸 날
참 잘했어요 가슴에 남아

아무것도 하지 않기로 한 날
칸 비운 하루를 늦춘다

꽉 조이지 말라고
다시 묶을 수 있도록

변하지 않는 것

대부분은 변한다
얼굴도, 마음도, 길도

변하지 않는 것도 있다
세 살 버릇

오래된 마음의 결은 남아
시간이 흘러도

버릇처럼 살아가는
우리 인생

방향의 조각

조각이 모여 방향이 되고
방향 따라 향한 초점
빛이 스며드는 틈마다의 순간
프레임 안으로 들어간다

흔들림 속에서도 길을 찾고
여러 그림자 뒤의 조각을 보았다
수없이 지나친 풍경마다
늘 새로운 방향의 조각을 모은다

시간의 잘린 모서리를 주워 담고
사소한 것들에 이름을 붙였다
돌아보면 모든 시간은 선택이었고
그 선택은 결국 방향이 되었다

네온

비가 지나간 창에
네온이 더욱 반짝인다

거리의 밤은
온통 빛나고

켜졌다 꺼지는 빛
켜졌다 꺼지는 마음

보였다 안 보였다
숨바꼭질을 한다

모자

현관 앞에서
모자 고르는 시간이 길다

별것 아닌 선택이
하루의 기분을 바꾼다

깊이 눌러쓰면
세상이 조금 더 가려진다

사나운 모습을
조금 덜 마주하길

정원

창문 너머 정원
보는 것만으로 충분하다

어제 없던 꽃봉오리가
올라와 있다

나비가 앉았다 떠나고
새가 머문다

수없이 많은 관람객이
들락이는 세상

시선

거리낌 없이
세상을 삼키듯 바라보는
아이들의 시선

어른이 되면
불안과 두려움에
조심스러워지는 시선

같은 눈빛으로
다른 온도를 느껴
서로 다른 모습에 멈춘다

가로등

해가 지면
일을 시작하는 가로등

몇 걸음마다 하나
그 간격이 일정하다

어두워져야
나타나는 빛

말없이 점점 더
밝게 길 위를 비춘다

낙엽

다음 봄에 약속을 위해
떠나가는
수많은 낙엽들

나무가 겨울을
나기 편하라고
양보하는 깊은 배려

부는 바람에
몸을 맡겨
모든 곳에 비료가 된다

콘크리트

도시는 딱딱하고 차가운
콘크리트 위에

매일 걷는 바닥
흙과는 다르다

그 틈새로 풀이 올라온다
뚫고 나온다

단단한 콘크리트조차
뚫고 나오는 힘

부드러움이 강함을 이기는
생생한 증거

쉼표

끝이 아니라
쉼표였다

그 뒤에는
다음 문장

숨을 고르는 사이
의미를 새기고

필요한 여백
쉼표 같은 공간

다가오는 내일
기대되는 시간

지하도

지하도를 걸으면
울리는 발소리

지나가는 통로
가끔 멈춘 사람

빛이 보이면
발이 빨라진다

무서워서가 아닌
어둠이 싫어서

정류장

기다리는 얼굴
모두 비슷한 얼굴

아직 오지 않은 버스
조급해도 소용없는 시간

도착 전에 마음은
이미 승차중

커피

첫 모금이 닿아야
켜지는 하루

매일 마셔도 맛이 다른 건
그 날이 달라서 일지도 모른다

한 잔이 주는 여유
그 시간으로 즐겁다

커피가 식어갈수록
차분해지는 마음

빈 컵 바닥보며
오늘도 하나의 빚을 진다

자국

테이블 위에 남은
닦아도 지워지지 않는
자국

사람이 새긴 흔적은
옅어지도록
자리를 지킨다

다녀간 온기
함께했던
정다움의 기록

추위

코끝이 시리고
입김이 날 때
계절이 바뀐다

숨이 하얘지고
옷깃을 여미는 순간
온도가 달라진다

자물쇠

열쇠를 잃은 채
단단히 잠긴 상자

무엇을 지키는지조차
잊었는데도

열 수 없게 만든
너와 나의 약속

저장

손이 먼저 누른다
사라질까 봐 기록하는 습관

순간을 보관하려는 본능이
여전히 남는다

바람, 웃음, 손의 온도
저장할 수 없는 것들

마음에 저장하고
꺼내는 연습이 필요하다

머무르다

지나가기 아까워 멈추는 곳
읽기 아까워 멈추는 곳
먹기 아까워 멈추는 곳

각자에게 멈추는 곳이 있듯
시간에게도 멈추는 곳이 있다
공간에게도 멈추는 곳이 있다

그 앞에서
조금 더 머물며
지나가는 모든 것을 붙잡듯이

용기

흘러가는 시간을
맞서는 용기

혼자 서 있는 용기가
필요한 이 시간

남는 것도
떠나는 것도 용기

돌아오는 것도
다시 머무는 것도 용기

기지개

팔을 뻗는 순간
온 몸이 풀린다

하품이 따라오며
열리는 몸과 마음

늘어지는 고양이처럼
크게 늘어져본다

남산타워

산 위에 올려놓은
기둥 하나
어디서나 그 모습이 보인다

전망대 유리 너머
펼쳐지는
복잡한 서울의 모습

빽빽한 건물 사이
가득 메운 자동차
실처럼 가는 한강 줄기

비우다

서랍은 생각보다 가득하다
새것을 넣으려면 비워야 한다
왜 그리 쌓아 놓고 사는지

매일 비우는 일은
늘 망설임을 자극하여
갈등과 싸우더라도

깨끗해지려는 노력으로
마음을 비운다
넓은 시공간을 갖기 위해

햇살

커튼 틈으로 들어온 빛
바닥에 네모를 그린다

겨울 햇살은 짧아서
더 귀하다

손바닥을 내밀어
빛에서 만져지는 온기

맑은 공기

산이 사라진다
숨이 불편해진다

마스크가 일상인 날
맑은 공기가 은혜

당연하게 여긴
평범함에 감사함

맑은 하늘의 찬공기
어린 날의 봄소풍

낙서

교과서 귀퉁이의 선들이
그때의 마음

심심함, 딴생각, 몰래 적은 낙서들
의미도 없는 딴짓

가끔 웃음을 남긴다
미완성의 상상

모퉁이

돌기 전엔 보이지 않던 길
한 발의 차이가 전부를 바꾼다

모퉁이에 숨은 낯선 골목
우연은 꺾이며 이어진다

돌기 전, 멈칫해도 괜찮다
다가서지 않으면 끝내 모른다

정오

그림자가
짧아지는 시간

모든 것이 선명해
숨을 곳이 없다

햇빛은 맹렬히
아스팔트가 뜨겁다

하루 중 잠깐
눈 찌푸린 순간

바람

보이지 않는데
확실히 닿는 것

어디서 와서
어디로 가는지 모른다

계절마다 얼굴이 달라진다
세상을 잠깐 흔들고 지나간다

지나간 뒤의 고요가
흔들림이 끝나면 제자리

별빛

낮은 너무 밝아
별이 설 자리가 없다

밤 하늘에 장막이 드리우면
멀어진 별들이 가까이

가끔 시골의 밤을 떠올린다
가림막이 걷힌 곳

어둠을 조금만 허락하면
하늘도 다시 별을 내준다

아파트

사람은 많지만
옆집은 모르는 곳

편리함은 넘치고
한밤 중에도 빛이 있다

얻기 어려운 정
고요함이나 완전한 어둠

얻을 수 없는 곳이
많이 모여 외로운 곳

한파

잠시만 서 있어도
숨이 먼저 얼어붙는다

추위는 손끝부터 와서
말과 표정까지 굳힌다

길가의 물웅덩이
바람은 그 위를 쓸고

움츠린 어깨마다
각자의 겨울이 붙어 있다

그림자

밝은 곳에 사는
짙은 그림자

아침과 저녁엔 길게 늘어져
큰 모습으로 만들고

정오엔 발밑으로
접혀 숨는다

가로등을 지날 때
내가 따라가게 만든다

조용한 세상

말이 없어서가 아니라
소리가 제자리로
돌아가는 시간

조용해야
귀머거리처럼
내 숨이 내게 닿고

고요함 속에
새로운 세상
작은 것들이 또렷하다

발자국

눈 위에 새겨진
첫 발자국
아무도 그리지 않은
길을 만든다

돌아보면
내가 지나온 흔적이 뒤따른다
비뚤어도
나아감이 보인다

해가 뜨면
서서히 녹아 사라지지만
그 길은
내 마음 속에 자리한다

가로수

가로수는 한자리에 묶인
계절의 시계

매연을 삼키고도
맑은 숨을 풀어놓는다

잘려 나간 가지로
당황하는 까치들

전봇대로 이사가서
더 큰 집을 짓는다

심야

자정이 지나면
거리가 비워진다

새벽의 고요는
무겁지만

그 안에서
제 모습을 되찾는다

오늘이 다 가야만
내일이 시작되기에

열매

떨어진 꽃 자리에
열매가 드러나고

비바람을 지나서
더 깨끗해진 모습

기다림의 단맛
고난이 준 상처

다음 세대를 위한
견고한 씨를 품은 채

렌즈

프레임을 만든다
잘려 나간 바깥 테두리
담을 수 없는 세상

보고 싶은 것은 또렷
보기 싫은 것은
흐려진다

틀을 갖춘 렌즈는
선명한
다른 세상을 만든다

리어카

할아버지 손에 리어카
쌓인 박스
쓸모없다 버려진 것

그것들의 쓸모를 담아
움츠린 어깨
오르막을 오르고

이마에 맺힌
피같은 땀방울이
아지랑이 처럼 김이 난다

채우기

불안은 비어있음을
용납 못하고
계속 채운다

비기도 전에
장을 보고
또 채운다

숨 쉴 틈 없는 가득
여백이 없는
삶을 닮았다

산책

첫 발은
멈춤을 깨는 작은 시도

문이 열리면
의욕도 뒤따라 나온다

신발이 나아가면
발이 박자를 만들고

접혔던 엉킨 마음이
조금씩 정리된다

떠나기

익숙한 것을
내려놓기

떠나야만 만나는
새로움

가보지 않은 미지
따라오는 성장

두려움을 떠나면
생기는 깨달음

기다림

시계를 보는 횟수가 늘어난다
기다릴수록 길어지는 시간

설레는 기다림은 견딜 만하지만
불안한 기다림은 고통이 된다

간절했던 기다림의 시간은
다가올 것을 상상한다

빗자국

비가 남긴 유리창 길
마른 뒤에도 보이고

아스팔트 씻긴 자리
정리된 낙엽

비가 오면 말끔
더 선명해지는 경계

비가 지나간 거리
내 마음의 계획을 찾으며

난간

옥상 난간에 걸린 빨래
바람 불면
나풀거리는 소매

언제 날아갈지 모르고
손을 흔드는 오후
바람이 알려주는 소식

그 손짓 알아듣지 못해
오래도록
물끄러미 바라본다

안개

앞이 보이지 않는 아침
가려진 세상
건물은 안 보이고
길 끝도 알 수 없다

모든 걸
조심스러움으로
바꾸는 안개
그 가림이 주는 높은 관심

스피커

작은 상자에서
세상이
흘러나온다

누군가의 숨결이
빈 방 안을
깨운다

상자를 통해
건네오는
먼 세상의 이야기들

출퇴근

아침과 저녁
같은 길 다른 기분
출근은 무겁고
퇴근은 가볍다

전쟁터 같은 지하철
주차장 같은 도로
매일 같은 풍경
다른 느낌

창밖이 달라
계절을 알고
삶을 알아가는
축복의 시간

오르막

다리가 무거워진다
그래도 갈 거냐
묻는 오르막

힘든 길임을 알면서도
오르는 이유는
보고 싶다는 욕망

뒤돌아보면
더 작아진 세상
힘겨움이 주는 자신감

풍물놀이

찡가리 소리로
판이 벌어진다

장단에 맞춰
춤사위가 이어진다

북소리는 심장 고동
깊은 울림의 징소리

어깨를 들썩이는
놀이패의 한바탕

횡단보도

건반처럼 놓인
흰 줄과 검은 줄
새벽녘 말없는 악보
이어짐의 준비

신호가 켜지면
모두 다 동시에 건넌다
서로 스치며
부딪히지 않는다

반대 방향으로 흩어지며
여러 건반을
두드린다
각자의 선율에 맞춰

고드름

한 방울씩 멈추다 보니
조금씩 길어졌다
햇빛을 받으면
보석처럼 빛난다

매서운 찬바람
바람이 만든 조각품
한 방울씩 만들어져
한 방울씩 사라진다

기와지붕

지붕 위 선이
물결처럼 출렁인다

산의 능선을
닮으려 했던가

기와 줄 사이로
빗물이 흘러 계곡이 보인다

파도

밀려왔다 밀려간다
커다란 호흡

부서져도 다시 모이는
정해진 약속

흩어진 파도를 모아
바느질하는 바다

공사장

시끄럽고 어수선하지만
새로움이
만들어지는 곳

부수는 소리는
세우기
위함의 파괴음

헬멧과 포크레인
철근과 자갈
먼지와 물뿌림

하루하루가
다르게
높아지는 현장

지하철

문이 열리면
사람과 시간이 쏟아진다

앉으면 행운이고
일어서면 운동

같은 공간 속에서
저마다 하루를 계획한다

내릴 역이 가까워지면
승객을 헤집는 헤엄

매일 다른 사람들이
같은 속도로 함께한다

우체통

길모퉁이에 서 있는
빨간 큰 상자

지나가는 아이가
무어냐고 묻는다

편지가 없어진 세상
고지서를 주는 곳이라고 말한다

남은 순간

끝이 보이면
시간이 귀해진다

분초가 아깝고
집중이 생긴다

마지막 날이
특히 그렇다

많을 때는
모르는 소중함

자전거

두 바퀴 위에 올라타면
바람이 온다

내 힘에 맞춰
세기가 달라진다

멈추면 쓰러지는
계속 타야 선다

페달을 밟는 동안
생각들이 비워진다

야경

하늘의 별 대신
땅의 별이 반짝

불빛 하나마다
사람들이 있다

사연이 많은
자기 삶의 빛

아름다운 야경은
생활의 진풍경

고궁

돌담 너머
오래된 지붕

나무 기둥과 주춧돌이
버텨온 시간

자갈 소리가
걸음을 느리게 만들고

바깥 소음은
들어오지 못한다

오랜 것이 주는
깊은 고요의 안정

선인장

마른 곳에서
살아남는 법

물기를
몸 안에 저장하고

가시로
간격을 만든다

그 사이에도
꽃은 핀다

가을

바람이 불지 않아도
스스로 떠나는
때를 안다

가지 끝에서
이별을 손짓하고
소리 없이 떠난다

발밑에 쌓인
동무들과
바스락 소리 합창

갈대

바람에 눕고
이어지는 바람에 다시 눕는
갈대 물결

맞서지 않고
함께 흔들려
오래 살아가는 법을 안다

수천 가닥의 갈대가
한몸이나 된듯이
속삭이는 소리

해 질 녘엔
금빛 향연
멋진 세상을 만든다

나무의 방식

움직이지 않지만
새겨지는 나이테

힘든 해는 좁게
편한 해는 넓게

가지가 꺾여도
다시 새로운 가지

계절따라 옷 바꿔
자기를 알리는 존재감

어린아이

세상이 알 수 없어
앵무새처럼
왜?를 반복한다

힘들어도
그 물음이
삶을 배우는 방식

웅덩이가 놀이터
돌멩이가 반찬
매미가 친구가 된다

흰눈

밤새 내린 눈이
소리를 잠재운다

세상을 하얗게
삼켜버린 눈

뽀드득 소리가 좋아
일부러 밟아 본다

더러운 것을 남김없이
덮는 이불

돌담길

돌이 서로
어깨동무를 하고

양쪽 나란히
길을 안내한다

강한 바람에도
행인을 챙기고

길 잃는 이 없게
정해놓은 길

이끼

돌 위에
시간이 덮인다
느리게
아주 느리게 자란다

그늘 속에서
색을 유지한다
딱딱한 돌 위의
부드러움이 신기하다

아무도 돌보지 않는
홀로의 자리에서
버티고 견디는
푸르른 아름다움

장미

아름다움에는
가시가 붙어 있다

만지려면
아픔을 감수해야 한다

덩굴 속에서
더 자유롭게 뻗는다

가두지 않아야 하는 것이
장미 잘 키우기

감

가을이 깊어지면
가지에 매달리는 주황

떫음은
아직 때가 아니라는 신호

곶감도 홍시도
기다림이 만든다

서두르면 떫고
기다리면 달다

양재천

넓고 깊지 않지만
멈추지 않고 흐른다

도시가 만든 길 위로
걷는 사람 곁에

자전거 벨 소리가
짧게 울린다

징검다리
건너는 아이가

물길을 바라보며
조심스레 지나는 곳

풍물시장

좁은 골목에
물건이 넘친다

주인도 다 모를 만큼
뒤섞여 있다

뒤지다 보면
보물이 나온다

낡은 것들이
새 주인을 기다린다

방향의 조각

초판 1쇄 발행 2026년 3월 5일

지은이 박기홍
펴낸이 권지현
펴낸곳 이음과펼침
책임편집 이음과펼침 편집부

출판등록 2025년 7월 21일 제2025-000129호
주소 서울시 서초구 양재동 392-3, 202B
이메일 connectnbloom@gmail.com
원고투고 connectnbloom@gmail.com
홈페이지 www.connectnbloom.com

ISBN 979-11-24329-20-7(03810)

· 가격은 뒤표지에 있습니다.

· 파본은 구입하신 서점에서 교환해 드립니다.